Aarti Sangrah

Om Books International

This edition first published in 2024

Om Books International

Corporate & Editorial Office
A-12, Sector 64, Noida 201 301
Uttar Pradesh, India
Phone: +91 120 477 4100
Email: editorial@ombooks.com
Website: www.ombooksinternational.com

Sales Office
107, Ansari Road, Darya Ganj,
New Delhi 110 002, India
Phone: +91 11 4000 9000
Email: sales@ombooks.com
Website: www.ombooks.com

ISBN: 978-93-6395-599-8

Printed in India
10 9 8 7 6 5 4 3 2 1

Contents

1.	Shree Ganesh Aarti	7
2.	Shree Vishnu Aarti	9
3.	Bhagwaan Shiv Aarti	13
4.	Shree Lakshmi Mata Aarti	17
5.	Shree Durga Mata Aarti	19
6.	Shree Saraswati Mata Aarti	23
7.	Shree Santoshi Mata Aarti	25
8.	Shree Mahakali Mata Aarti	29
9.	Shree Ram Aarti	33
10.	Shree Ramayan Aarti	35
11.	Shree Hanuman Aarti	37
12.	Shree Kunj Bihari Aarti	39
13.	Shree Banke Bihari Aarti	43
14.	Shree Satyanarayan Aarti	45
15.	Shree Khatoo Shyam Aarti	47

16. Shree Shanidev Aarti 49
17. Shree Ganga Mata Aarti 51
18. Shree Gayatri Mata Aarti 53
19. Shree Tulsi Mata Aarti 57
20. Shree Bhairava Aarti 59
21. Surya Aarti 61
22. Shree Mehandipur Balaji Aarti 63
23. Shree Salasar Balaji Aarti 65
24. Shree Vishwakarma Aarti 69
25. Sai Baba Aarti 71
26. Shree Jag Janani Durga Mata Aarti 73
27. Shree Mansa Devi Aarti 77
28. Brihaspatiwar Aarti 79
29. Shree Sheetla Mata Aarti 81
30 Shree Vaishno Devi Aarti 85
31. Shree Annapurna Mata Aarti 87

卐 Ritual of Aarti 卐

Aarti is performed at the end of worship. It compensates for any mistakes made during the worship. Even if the worship lacks proper chanting and rituals, Aarti completes it. Performing and witnessing Aarti brings great virtue. Those who witness the deity and the Aarti, and take the Aarti with both hands, elevate their generations and attain the supreme position. Aarti is also known as Aaratrik, Aarartik, and Neerajan.
In the Skanda Purana, it is mentioned:

Avahanam na janami na janami visarjanam.
Poojam chaiva na janami kshamasva parameshwara.
Mantraheenam kriyahinam bhaktiheenam Janardana.
Yatpoojitam maya dev! paripoorna tadastu mai.

"O Supreme Lord! I do not know how to invite or bid farewell to you. I do not know how to perform your worship. Please forgive me. O Lord! I do not know how to perform your worship with proper chanting and rituals. I am worshipping you to the best of my ability; please forgive my mistakes and grant completeness to my worship."

卐 Method of Aarti 卐

While performing Aarti, first, offer floral tributes thrice with the main mantra. Beat drums, nagadas, conches, and bells, and chant praises. Take ghee or camphor in a clean vessel and make odd-numbered wicks (three, five, seven, or more) for the Aarti. Performing Aarti with five wicks is also called Panchpradeep. Aarti should be performed with incense sticks, camphor, kumkum, sandalwood, cotton, and ghee wicks while ringing bells and conches.
Aarti has five elements:

1. With lighted lamps.
2. With a water-filled conch.
3. With clean clothes.
4. With leaves of mango, peepal, etc.
5. With a full prostration (Sashtang Pranam).

While performing Aarti, first, rotate it repeatedly at the feet of the deity, then twice around the navel, once around the face, and seven times around the entire body. Aarti is performed to please the beloved deity.

1 Shree Ganesh Aarti

Jai Ganesh, Jai Ganesh, Jai Ganesh Deva
Mata jaakee Parvatee, Pitaa Mahadeva

Eka danta dayavant, Chaar bhujadharee
Maathey par tilak sohey, Moose kee Savaaree

Jai Ganesh, Jai Ganesh, Jai Ganesh Deva
Mata jaakee Parvatee, Pitaa Mahadeva

Paan chadhey, phool chadhey, aur chadhey mevaa
Ladduan ka bhog lagey, Sant karein sevaa

Jai Ganesh, Jai Ganesh, Jai Ganesh Deva
Mata jaakee Parvatee, Pitaa Mahadeva

Andhan ko aankh det, Kodhin ko kaayaa
Baanjhan ko putra det, nirdhan ko maayaa

Jai Ganesh, Jai Ganesh, Jai Ganesh Deva
Mata jaakee Parvatee, Pitaa Mahadeva

'Soor' Shyam sharan aaye, saphal keejey sevaa
Mata jaakee Parvatee, Pitaa Mahadeva

Jai Ganesh, Jai Ganesh, Jai Ganesh Deva
Mata jaakee Parvatee, Pitaa Mahadeva

Deenan kee laaj rakho, Shambhu sutavaree
Kaamanaa ko pooran karo, jag balihaaree

Jai Ganesh, Jai Ganesh, Jai Ganesh Deva
Mata jaakee Parvatee, Pitaa Mahadeva

Jai Ganesh, Jai Ganesh, Jai Ganesh Deva
Mata jaakee Parvatee, Pitaa Mahadeva

ॐ 卐 ॐ

2 Shree Vishnu Aarti

Om Jai Jagadeesh hare, Swaamee Jai Jagadeesh hare
Bhakt janon ke sankat, kshan mein door karey
Om Jai Jagadeesh hare

Jo dhyaavey phal paavey, dukh vinasey man kaa,
Swaamee dukh vinasey man kaa
Sukh sampatti ghar aavey, kasht mitey tan kaa
Om Jai Jagadeesh hare

Maat-pitaa tum merey, sharan gahaun main kiskee,
Swaamee sharan gahaun main kiskee
Tum bin aur na dooja, aash karun main jiskee
Om Jai Jagadeesh hare

Tum pooran Paramatma, tum antaryaamee,
Swaamee tum antaryaamee
Paarbraham Parmeshvar, tum sabke swaamee
Om Jai Jagadeesh hare

Tum karuna ke sagar, tum paalan-kartaa,
Swaamee tum paalan kartaa
Main moorakh khal kaamee, main sevak tum swaamee
Kripa karo bhartaa
Om Jai Jagadeesh hare

Tum ho ek agochar, sabke praanpati,
Swaamee sabke praanpati
Kis vidhi miloon dayaamaya, tumko main kumati
Om Jai Jagadeesh hare

Deenbandhu dukhaharta, tum thakur merey,
Swaamee tum thakur merey
Apne haath uthaao, dvaar padaa main terey
Om Jai Jagadeesh hare

Vishaya-vikaar mitaao, paap haro devaa,
Swaamee paap haro devaa
Shraddhaa bhakti badhaao, santan kee sevaa
Om Jai Jagadeesh hare

Shree Jagadeesh jee kee Aarti, jo koi nar gaavey
Swaamee jo koi nar gaavey
Kahat Shivaanand swaamee, sukh sampatti paavey
Om Jai Jagadeesh hare

ॐ 卐 ॐ

3 Bhagwaan Shiv Aarti

Om Jai Shiv Omkara, Swaamee jai Shiv Omkara,
Brahma, Vishnu, Sadashiv, ardhaangee dhaaraa.
Om Jai Shiv Omkara.

Ekaanan Chaturanan Panchaanan raaje,
Swaamee Panchaanan raaje,
Hansaanan garudasan vrishvaahan saaje.
Om Jai Shiv Omkara.

Do bhuj chaar chaturbhuj das bhuj ati sohe,
Swaamee dashabhuj ati sohe,
Trigun roop nirakhate, tribhuvan jan mohe.
Om Jai Shiv Omkara.

Akshamaalaa vanamaalaa rundamaalaa dhaaree,
Chandan mrigamad sohey bhaaley shashidhaaree,
Om Jai Shiv Omkara.

Shvetaambar peetaambar baaghambar angey,
Swaamee baaghambar angey.
Sankadik garunadik bhootadik sangey.
Om Jai Shiv Omkara.

Kar ke madhya kamandalu chakra trishooldhartaa,
Swaamee chakra trishooldhartaa.
Jagkartaa jagbhartaa jagsanhaarkartaa.
Om Jai Shiv Omkara.

Brahma, Vishnu, Sadashiv, jaanat avivekaa,
Swaamee jaanat avivekaa.
Pranavaakshar mein sobhit ye teenon ekaa.
Om Jai Shiv Omkara.

Trigun swaamee jee kee aarti jo koyee nar gaavai,
Prabhu prem sahit gaavai.
Kahat Shivanand Swaamee, Manvanchhit phal paave.
Om Jai Shiv Omkara.

ॐ 卐 ॐ

4 Shree Lakshmi Mata Aarti

Om Jai Lakshmi Mata, Maiyya Jai Lakshmi Mata
Tumko nishidin sevat, Hari Vishnu vidhaataa
Om Jai Lakshmi Mata

Uma, Rama, Brahmanee, tum hee jag Mata
Soorya-Chandrama dhyaavat Narad rishi gaataa
Om Jai Lakshmi Mata

Durga roop niranjanee, sukh sampatti daataa
Jo koee tumko dhyaavat, Riddhi-Siddhi dhan paataa
Om Jai Lakshmi Mata

Tum paataal-nivaasinee, tum hee shubhdaataa
Karam-prabhav-prakashinee, bhavanidhee kee traataa
Om Jai Lakshmi Mata

Jis ghar mein tum rahtee, sab sadgun aataa
Sab sambhav ho jata, man naheen ghabaraataa
Om Jai Lakshmi Mata

Tum bin yagya na hote, vastra na koi paataa
Khaan-paana ka vaibhava, sab tumse aataa
Om Jai Lakshmi Mata

Shubha-gun mandir sundar, Ksheerodadhi-jaataa
Ratan chaturdash tum bina, koi naheen paataa
Om Jai Lakshmi Mata

Mahalakshmi jee kee aarti, jo koi jan gaataa
Ur anand smata, paap utar jaataa
Om Jai Lakshmi Mata

ॐ卐ॐ

5 Shree Durga Mata Aarti

Om Jai Ambe Gauri, Maiyya Jai Shyama Gauri,
Tumko nishidin dhyaavat, Hari Brahma Shivaree
Om Jai Ambe Gauri

Maang sindoor viraajat, teeko mrigmad ko,
Maiyya teeko mrigmad ko
Ujjval se dou nayanaa, Chandra vadan neeko
Om Jai Ambe Gauri

Kanak samaan kalevar, raktaambar rajai,
Maiyya raktaambar rajai
Raktapushp gal maalaa, kantthan par sajai
Om Jai Ambe Gauri

Kehari vaahan rajat, Khadag khappar dhaaree,
Maiya khadag khappar dhaaree
Sur-nar muni jan sevat, tinke dukh haree
Om Jai Ambe Gauri

Kaanan kundal shobhit, naasaagrey motee,
Maiyya naasaagrey motee
Kotik chandra divaakar, raajat sam jyotee
Om Jai Ambe Gauri

Shumbh-nishumbh bidaarey, Mahishasur ghaatee,
Maiyya Mahishasur ghaatee
Dhoomra-vilochan nayanaa, nishidin madamaatee
Om Jai Ambe Gauri

Chand-Mund sanhaarey, Shonit Beej hare,
Maiyya Shonit Beej hare
Madhu-Kaitabh dou maarey, sur bhayaheen karey
Om Jai Ambe Gauri

Brahmanee Rudranee, tum Kamala ranee,
Maiyya tum Kamala ranee
Aagam-Nigam bakhaanee, tum Shiv patranee
Om Jai Ambe Gauri

Chaunsatth yoginee mangal gaavat, nritya karat Bhairaun,
Maiyya nritya karat Bhairaun
Baajat taal mridanga, aru baajat damaroo
Om Jai Ambe Gauri

Tum hee jag kee mata, tum hee ho bhartaa,
Maiyya tum hee ho bhartaa
Bhaktan kee dukh harata, sukh sampatti karta
Om Jai Ambe Gauri

Bhuja chaar ati shobit, var mudraa dhaaree,
Maiyya var mudra dhaaree
Manavanchitt phal paavat, sevat nar-naaree
Om Jai Ambe Gauri

Kanchan thaal virajat, agar kapoor baatee,
Maiyya agar kapoor baatee
Shree Maalketu mein raajat, koti ratan jyotee,
Maiyya koti ratan jyotee
Om Jai Ambe Gauri

Shree Ambejee kee aarti, jo koi nar gaavey,
Maiyya jo koi nar gaavey
Kahat Shivanand Swaamee, sukh sampatti paavey
Om Jai Ambe Gauri

ॐ 卐 ॐ

6 Shree Saraswati Mata Aarti

Om Jai Saraswati Mata, Maiyya Jai Saraswati Mata
Sadgun vaibhav shalinee, tribhuvan vikhyaataa
Om Jai Saraswati Mata

Chandravadani padmasini, dyuti mangalkaree
Sohey shubh hans savaaree, atul tejdhaaree
Om Jai Saraswati Mata

Baayen kar mein veenaa, dayen kar maalaa
Sheesh mukut mani sohey, gal motiyan maalaa
Om Jai Saraswati Mata

Devi sharan jo aaye, unaka uddhaar kiyaa
Paithee Manthara daasee, Ravan sanhaar kiyaa
Om Jai Saraswati Mata

Vidya gyaan pradaayini, gyaan prakaash bharo
Moh agyaan aur timir kaa, jag se naash karo
Om Jai Saraswati Mata

Dhoop deep phal meva, Maa sveekaar karo
Gyanchakshu de Mata, jag nistaar karo
Om Jai Saraswati Mata

Maa Saraswati jee kee aartee, jo koi jan gaavey
Hitkaaree sukhkaaree gyaan bhakti paavey
Om Jai Saraswati Mata

Om Jai Saraswati Mata, Maiyya jai Saraswati Mata
Sadgun vaibhav shaalinee, tribhuvan vikhyaataa
Om Jai Saraswati Mata

ॐ 卐 ॐ

7 Shree Santoshi Mata Aarti

Om Jai Santoshi Mata, Maiyya Jai Santoshi Mata
Apaney sevak jan ko, sukh sampatti daataa
Om Jai Santoshi Mata

Sundar cheer sunaharee, Maa dhaaran keenhon
Heera panna damake, tan shringaar leenhon
Om Jai Santoshi Mata

Geroo laal chhata chhavi, badan kamal sohey
Mand hansat karunamayee, tribhuvan man mohey
Om Jai Santoshi Mata

Svarn sinhaasan baithee, chanvar dhuren pyarey
Dhoop deep madhu mevaa, bhog dharen nyaarey
Om Jai Santoshi Mata

Gud aru chana param priye, tame santosh kiyo
Santoshi kahalaaee, bhaktan vaibhav diyo
Om Jai Santoshi Mata

Shukravaar priya maanat, aaj divas sohee
Bhakt mandalee chhaayee, katha sunat mohee
Om Jai Santoshi Mata

Mandir jagamag jyoti, mangal dhvani chhaaee
Vinay karein hum baalak, charanan sir naaee
Om Jai Santoshi Mata

Bhakti-bhaav maya pooja, angeekrit keejai
Jo man basai hamaarey, ichha phal deejai
Om Jai Santoshi Mata

Dukhee daridree rogi, sankat mukt kiye
Bahu dhan-dhaanya bhare ghar, sukh saubhaagya diye
Om Jai Santoshi Mata

Dhyaan dharyo jis jan ne, manvaanchhit phal paayo
Pooja kathaa shravan kar, ghar anand aayo
Om Jai Santoshi Mata

Sharan gahe kee lajja, rakhiyo Jagadambe
Sankat too hee nivaare, dayamayee Ambe
Om Jai Santoshi Mata

Santoshi Maa kee aartee, jo koee jan gaavey
Riddhi-Siddhi sukh sampatti, jee bharake paavey
Om Jai Santoshi Mata

ॐ 卐 ॐ

8 Shree Mahakali Mata Aarti

Mangal kee sevaa sun meree devaa, haath jod, tere dwaar khadey
Paan, supaaree, dhvaja, naariyal, le jwaalaa teree bhenta dharey
Mangal kee sevaa sun meree devaa

Sun Jagadambe, kar na vilambey, santan ke bhandaar bharey
Santan-pratipaalee, sadaa khushhalee, Maiyya Jai Kali kalyaan karey
Mangal kee sevaa sun meree devaa

Buddhi vidhaataa, too jag mata, Meraa kaaraj siddha karey
Charan kamal ka liya aasaraa, sharan tumhaaree aan parey
Mangal kee sevaa sun meree devaa

Jab-jab bheed padee bhaktan par, tab-tab aap sahaaya kare
Baar-baar tain sab jag mohayo, Tarunee roop anoop dhare
Mangal kee sevaa sun meree devaa

Mata hokar putra khilaavey, kaheen bharya bhog karey
Santan sukhadaayee sadaa sahaaee, sant khadey jayakaar karey
Mangal kee sevaa sun meree devaa

Brahma Vishnu Mahesh sahasphan liye, Bhenta dena tere dvaar khadey
Atal sinhaasan baithee meree mata, sir soney kaa chhatra phirey
Mangal kee sevaa sun meree devaa

Vaar shanichar kumkum barano, jab lunkada par hukum karey
Khadag khappar trishool hath liye, Rakata-Beej ko bhasm karey
Mangal kee sevaa sun meree devaa

Shumbh Nishumbh ko kshan mein maarey, Mahishasur ko pakad daley
Aadit varee aadi Bhavanee, jan apney kaa kasht harey
Mangal kee sevaa sun meree devaa

Kupita hoye daanav maarey, Chand Mund sab choor karey
Jab tum dekhee daya roop ho, pal mein sankat door karey
Mangal kee sevaa sun meree devaa

Saumya svabhaav dharyo meree mata, jan kee arj kabool karey
Saat baar kee mahimaa barnee, sab gun kaun bakhaan karey
Mangal kee sevaa sun meree devaa

Singh peetth par chadhee Bhavanee, atal bhavan mein raaj karey
Darshan paavein mangal gaavein, siddha saadhak teri bhenta dharey
Mangal kee sevaa sun meree devaa

Brahma Ved padhey terey dwaarey, Shiv Shankar dhyaan dharey
Indra Krishna teree karen aartee, chanvar Kuber dulaaya rahey
Mangal kee sevaa sun meree devaa

Jai jananee jai Matu Bhavanee, atal bhavan me raaj karey
Santan pratipaalee sadaa khushhaalee, Maiyya Jai Kali kalyaan karey

Mangal kee sevaa sun meree devaa, haath jod terey dwaar khadey
Paan, supaaree, dhvaja naariyal, le jwaalaa teree bhenta dharey

9 Shree Ram Aartee

Shree Ram Chandra kripaalu bhaju man, haran bhava bhaya daarunam
Nav kanja lochan, kanj mukh kar kanj pad kanjaarunam
Shree Ram Chandra kripaalu bhaju man...

Kandarp aganit amit chhavi, nav neel neerad sundaram
Pat peet maaahun tadit ruchi-shuchi naumi Janak sutaavaram
Shree Ram Chandra kripaalu bhaju man...

Bhaju deenbandhu dinesh daanav daitya vansh nikandanam
Raghunand aanand kand kaushalchandra Dasharath Nandanam
Shree Ram Chandra kripaalu bhaju man...

Sir mukut kundal tilak chaaru udaar ang vibhushanam
Aajanubhuja shar chaap-dhar sangraam jit khardooshanam
Shree Ram Chandra kripaalu bhaju man...

Iti vadati Tulseedas Shankar Shesh muni man ranjanam
Mam hridaya kanj nivaas kuru, kaamaadi khal dal ganjanam
Shree Ram Chandra kripaalu bhaju man...

Man jaahin raacheu milahi so baru sahaj sundar saanvaro
Karuna nidhaan sujaan sheel saneh jaanat raavro
Shree Ram Chandra kripaalu bhaju man...

Ehi bhaanti Gauri asees sun Siya sahit hiyan harasheen alee
Tulsee Bhavanihi pooji puni-puni mudit man mandir chalee
Shree Ram Chandra kripaalu bhaju man...

ॐ 卐 ॐ

10 Shree Ramayan Aarti

Aarti Shree Ramayanjee kee
Keerati kalit lalit Siya pee kee
Gavat Brahmadhik muni Narad
Balmeeki vigyaan vishaarad
Suk Sanakaadik Sesh aru Sarad
Barani Pavanasut keerati neekee
Aarti Shree Ramayanjee kee
Keerati kalit lalit Siya pee kee

Gaavat Ved Puran Ashtadasa
Chhao Shastra sab granthan ko ras
Muni jan dhan santan ko sarbas
Saar ans sammat sabhee kee
Aarti Shree Ramayanjee kee
Keerati kalit lalit Siya pee kee

Gaavat santat Shambhoo Bavanee
Aru ghatsambhav muni vigyanee
Byas aadi kavibarj bakhaanee
Kagabhusundi Garud ke hee kee
Aarti Shree Ramayan jee kee
Keerati kalit lalit Siya pee kee

Kalimal harni bishaya ras pheekee
Subag sringaar mukti jubtee kee
Dalan rog bhava moori amee kee,
Taat matu sab vidhi Tulsee kee
Aarti Shree Ramayanjee kee
Keerati kalit lalit Siya pee kee

ॐ 卐 ॐ

11 Shree Hanuman Aarti

Aartee kijiye Hanuman lalaa kee,
Dusht dalan Raghunaath kalaa kee
Jaake bal se girivar kaanpe,
Rog dosh jaake nikat na jhaanke
Anjani putra maha baladaaee,
Santan ke prabhu sada sahaaee
De beera Raghunath pathaaye,
Lanka jaari Siya sudhi laaye
Lanka sau kot samudra see khaaee,
Jaat Pavanasut baar na laaee
Lanka jaari asur sanhaarey,
Siyaramjee ke kaaj sanvaarey
Lakshman moorchhit pade sakaarey,
Aani Sanjeevan praan ubaarey
Paitthi paataal tori jam-kaarey,
Ahiravan kee bhuja ukhaarey
Baayen bhuja asur dal maarey,
Daahine bhuja sant jan taarey
Sur nar muni aarti utaarey,
Jai jai jai Hanuman uchaaren
Kanchan thaar kapoor lau chhaaee,
Aarti karat Anjana maaee
Jo Hanumanjee kee aaratee gaavai,
Basi Baikunttha parampad paavai
Lanka vidhvansa kiye Raghuraaee,
Tulseedas swamee keerti gaaee
Aartee kijiye Hanuman lalaa kee,
Dusht dalan Raghunaath kalaa kee

ॐ 卐 ॐ

12 Shree Kunj Bihari Aarti

Aarti Kunj Bihari kee,
Shree Giridhar Krishna Murari kee
Aarti Kunj Bihari kee,
Shree Giridhar Krishna Murari kee

Galey mein baijantee mala,
bajaave muralee madhur bala
Shravan mein kundal jhalkalaa,
Nand ke aannad Nandlala

Gagana sam ang kaanti Kaalee,
Radhika chamak rahee aalee
Latan mein thaadhe banmaalee,
bhramar see alak,
Kastooree tilak,
Chandra see jhalak
Lalit chhavi Shyama pyaaree kee,
Shree Giridhar Krishna Murari kee
Aarti Kunj Bihari kee,
Shree Giridhar Krishna Murari kee

Kanakamay mor mukut bilsai,
Devata darsan ko tarsain
Gagan so suman raasi barsai, baje murchang,
Madhur mridang, Gwaalinee sang
Atul rati gop kumaaree kee,
Shree Giridhar Krishna Murari kee
Aarti Kunj Bihari kee,
Shree Giridhar Krishna Murari kee

Jahaan te pragat bhaee Ganga,
sakal man haarini Shree Ganga
Smaran te hota moh bhanga,
basee Shiv sheesh,
Jataa ke beech, harai agha keech
Charana chhavi Shree Banvaree kee,
Shree Giridhar Krishna Murari kee
Aarti Kunj Bihari kee,
Shree Giridhar Krishna Murari kee

Chamakatee ujjval tat renoo,
baj rahee Vrindavan benoo
Chahun disi gopi gwala dhenoo,
hansat mridu manda,
Chandanee chand, katat bhav phand
Ter sun deen dukhaaree kee,
Shree Giridhar Krishna Murari kee
Aarti Kunj Bihari kee,
Shree Giridhar Krishna Murari kee

Aarti Kunj Bihari kee,
Shree Giridhar Krishna Murari kee
Aarti Kunj Bihari kee,
Shree Giridhar Krishna Murari kee

ॐ 卐 ॐ

13 Shree Banke Bihari Aarti

Shree Banke Bihari teree aarti gaaun
Hey Giridhar teree aarti gaaun
Aarti gaaun pyare aapko rijhaaun
Shyam Sunadar teree aarti gaaun
Shree Banke Bihari teree aarti gaaun
Mor mukut pyare sheesh pe sohey
Pyaree bansee mero man mohey
Dekh chhavi balihaaree main jaaun
Shree Banke Bihari teree aarti gaaun
Charano se nikalee Ganga pyaaree
Jisne saaree duniyaa taaree
Main un charanon ke darshan paaun
Shree Banke Bihari teree aarti gaaun
Das anaath ke nath aap ho
Dukh Sukh jeevan pyare saath aap ho
Hari charnon mein sheesh jhukaaun
Shree Banke Bihari teree aarti gaaun
Shree Hareedas ke pyaare tum ho
Mere Mohan jeevan dhan tum ho
Dekh yugal chhavi bali-bali jaaun
Shree Banke Bihari teree aarti gaaun
Shree Banke Bihari teree aarti gaaun
Hey Giridhar teree aarti gaaun
Aarti gaaun pyare aapko rijhaaun
Shyam Sundar teree aarti gaaun

ॐ 卐 ॐ

14 Shree Satyanarayan Aarti

Om Jai Lakshmiramana Swaamee Jai Lakshmiramana
Satyanarayan Swaamee janpaatak harnaa
Om Jai Lakshmiramana

Ratnajadit sinhaasan adbhut chhavirajai
Narad karat neeraajan ghantaa dhvani baajai
Om Jai Lakshmiramana

Pragat bhaye kalikaarn Dwij ko darash diyo
Bhoodho bramahn bankar kanchan mahal kiyo
Om Jai Lakshmiramana

Durbal bheel katthaaro jin par kripa karee
Chandrachood ek raja jinakee vipatti haree
Om Jai Lakshmiramana

Vaishya manorath payoo shraddha taj deenheen
So phal bhogyo prabhujee phir stuti keenheen
Om Jai Lakshmiramana

Bhaav bhakti ke kaaran chhin-chhin roop dharayo
Shraddha dharan keenheen tinko kaaj sarayo
Om Jai Lakshmiramana

Gvaal baal sang raja van mein bhakti karee
Manavanchhit phal deenhon deendayal Hari
Om Jai Lakshmiramana

Chadhat prasad savaayo kadalee phal mevaa
Dhoop deep tulsee se rajee Satyadevaa
Om Jai Lakshmiramana

Shree Satyanarayanjee kee aarti jo koee nar gaavai
Kahat Shivanand swamee manavanchhit phal paavai
Om Jai Lakshmiramana

ॐ 卐 ॐ

15 Shree Khatoo Shyam Aarti

Om Jai Khatoo Shyam Hare, Baba Jai Shree Shyam Hare
Khatoo dhaam virajat, anupam roop dhare
Om Jai Khatoo Shyam Hare

Ratn jadit sinhasan, sir par chanvar dhurey
Tan keshariya baago, kundal shravan padey
Om Jai Khatoo Shyam Hare

Gal puspon kee mala, sir par mukut dharey
Khevat dhoop agni par, deepak jyoti jaley
Om Jai Khatoo Shyam Hare

Modak kheer choorma, svaran thaal bharey
Sevak bhog lagaavat, sevaa nitya karey
Om Jai Khatoo Shyam Hare

Jhhanjhh katoora aur ghadiyaaval, shankh mridang dhurey
Bhakt aarti gaaven, Jai-jaikaar karey
Om Jai Khatoo Shyam Hare

Jo dhyaavey phal paavey, sab dukh se ubare
Sevak jan nij mukh se, Shree shyam-shyam ucharey
Om Jai Khatoo Shyam Hare

Shree Shyam Bihari jee kee Aarti, jo koi nar gaavey
Kahat bhakt jan, manvanchhit phal paavey
Om Jai Khatoo Shyam Hare

Tan man dhaan sab kuch hai tera, ho baba sab kuch hai tera
Tera tujhko arpan, kya laagey meraa
Om Jai Khatoo Shyam Hare

Jai Shree Shyam hare, Baba jai Shree Shyam hare
Nij bhakton ke tumne, pooran kaaj kare
Om Jai Khatoo Shyam Hare

ॐ 卐 ॐ

16 Shree Shanidev Aarti

Jai jai Shree Shanidev bhaktan hitakaaree
Sooraj ke putra prabhu chhaaya mahataaree
Jai jai Shree Shanidev bhaktan hitakaaree.

Shyam ank vakra drashti chaturbhujaa dhaaree
Neelaambar dhaar naath gaja kee aswaaree
Jai jai Shree Shanidev bhaktan hitakaaree.

Kireet mukut sheesh rajit deepat hai lilaaree
Muktan kee mala galey shobhit balihaaree
Jai jai Shree Shanidev bhaktan hitakaaree.

Modak mishtaan paan chadhat hain supaaree
Lohaa til tel urad mahishee ati pyaaree
Jai jai Shree Shanidev bhaktan hitakaaree.

Dev danuj rishi muni sumiran nar naaree
Vishvanaath dharat dhyaan sharan hain tumhaaree
Jai jai Shree Shanidev bhaktan hitakaaree.

ॐ 卐 ॐ

17 Shree Ganga Mata Aarti

Om Jai Gange Mata, Maiyya Jai Gange Mata
Jo nar tumako dhyaata, manavanchhit phal paataa
Om Jai Gange Mata...

Chandra-see jyoti tumaharee, jal nirmal aataa
Sharan padhe jo teree, so nar tar jaataa
Om Jai Gange Mata...

Putra Sagar ke taarey, sab jag ko gyaataa
Kripa drishti ho tumharee, tribhuvan sukh daataa
Om Jai Gange Mata...

Ek baar jo praanee, sharan tumaharee aataa
Yam kee traas mitaakar, paramagati paataa
Om Jai Gange Mata...

Aarti maatu tumaharee, jo nar nit gaataa
Daas vahee sahaj mein, mukti ko paataa
Om Jai Gange Mata...

18 Shree Gayatri Mata Aarti

Om Jayati Jai Gayatri Mata, Jayati Jai Gayatri Mata
Sat marag par hamein chalaao, jo hai sukhadaataa
Om Jayati Jai Gayatri Mata...

Aadi Shakti tum alakh niranjan jag palan kartree
Dukh, shok, bhaya, kalesh, kalah daaridraya dainya hartree
Om Jayati Jai Gayatri Mata...

Brahm roopinee, pranat paalinee, Jagatdhaatri Ambe
Bhavabhayahaaree, janhitkkaree, sukhada Jagdambe
Om Jayati Jai Gayatri Mata...

Bhaya harini bhava tarini anaghe, aj aanand rashee
Avikaree, aghaharee, avichalit, amale, avinaashee
Om Jayati Jai Gayatri Mata...

Kamdhenu sat chit aananda, Jai Ganga Gita
Savita kee shaashvatee shakti, tum Savitri Sita
Om Jayati Jai Gayatri Mata...

Rig, Yaju, Saam, Atharv, pranayini, pranav mahaamahimey
Kundalinee sahastra, sushumna, shobha gun garimey
Om Jayati Jai Gayatri Mata...

Svaha, Svadha, Shachee, Bramhanee, Radha, Rudrani
Jai Satrupaa, Vanee, Vidya, Kamla, Kalyanee
Om Jayati Jai Gayatri Mata...

Jananee ham hain, deen-heen dukh-daridra ke gherey
Yadyapi kutil, kapatee, kapoot, taoo baalak hain terey
Om Jayati Jai Gayatri Mata...

Snehasanee karunaamayi mata, charan sharan deejai
Bilakh rahe ham shishu sut terey, daya drishti keejai
Om Jayati Jai Gayatri Mata...

Kaam, krodh, mad, lobh, dambh, durbhaav, dvesh hariye
Shuddh buddhi, nishpaap hriday, man ko pavitra kariye
Om Jayati Jai Gayatri Mata...

Tum samarth sab bhaanti taarinee, tushti, pushti traataa
Satyamaarg par hamein chalaao, jo hai sukhdaataa
Om Jayati Jai Gayatri Mata...

19 Shree Tulsi Mata Aarti

Jai Jai Tulsi Mata, sabkee sukhadaataa var mata
Sab yogon ke oopar, sab rogon ke oopar
Ruj se rakshaa karke bhav traataa
Jai Jai Tulsi Mata

Bat putree hai Shyama, Soor vallee hai Graamya
Vishnu priya jo tumko seve, so nar tar jaataa
Jai Jai Tulsi Mata

Hari ke sheesh viraajat tribhuvan se ho vandit
Patit janon kee taarinee, tum ho vikhyaataa
Jai Jai Tulsi Mata

Lekar janm bijan mein aaee divya bhavan mein
Manav lok tumheen se sukh sampatti paataa
Jai Jai Tulsi Mata

Hari ko tum ati pyaree Shyam varn sukumaree
Prem ajab hai Shree Hari kaa tum se naataa
Jai Jai Tulsi Mata

ॐ 卐 ॐ

20 Shree Bhairava Aarti

Jai Bhairava devaa, Prabhu Jai Bhairava devaa
Jai Kali aur Gauraa devi krit sevaa
Jai Bhairava Devaa

Tumheen paap uddharak dukh sindhu taarak
Bhakton ke sukh kaarak bheeshan vapu dhaarak
Jai Bhairava Devaa

Vaahan shwaan viraajat kar trishool dhaaree
Mahima amit tumhaaree jai jai bhayahaaree
Jai Bhairava Devaa

Tum bin Shiva sevaa saphal naheen hovey
Chaumukh deepak darshan dukh khovey
Jai Bhairava Devaa

Tel chataki dadhi mishrit bhashavali teree
Kripa keejiye Bhairava kariye naheen deree
Jai Bhairava Devaa

Paav ghunghuroo baajat aru damaroo damkaavat
Batukanath ban kee aarti jo koee nar gaavey
Kahe Dharanidhar vah nar manavanchhit phal paavey
Jai Bhairava Devaa

ॐ 卐 ॐ

21 Surya Aarti

Jai Kashyap-nandan, Om Jai Aditi-nandan
Tribhuvan-timir-nikandan, bhakt-hriday-chandan
Jai Kashyap-nandan, Om Jai Aditi-nandan

Sapt-ashvaratha rajita, ek chakradhaaree
Dukhahaaree-sukhakaaree, Maanas-mal-haaree
Jai Kashyap-nandan, Om Jai Aditi-nandan

Sur-muni-bhoosur-vandit, vimal vibhavashaalee
Agha-dala-dalan diwakar, divya kiran maalee
Jai Kashyap-nandan, Om Jai Aditi-nandan

Sakal-sukarm-prasavitaa, Savitaa shubhakaaree
Vishwa-vilochan mochan, Bhava-bandhan bhaaree
Jai Kashyap-nandan, Om Jai Aditi-nandan

Kamal-samooh vikaasak, nashak traya taapaa
Sevat saahaj harat, ati manasija-santaapaa
Jai Kashyap-nandan, Om Jai Aditi-nandan

Netra-vyaadhi har survar, bhoo-peeda-haree
Vrishti vimochan santat, parahit-vratadhaaree
Jai Kashyap-nandan, Om Jai Aditi-nandan

Suryadev karunakar, ab karuna keejai
Har agyaan-moha sab, tattvagyaan deejai
Jai Kashyap-nandan, Om Jai Aditi-nandan

ॐ 卐 ॐ

22 Shree Mehandipur Balaji Aarti

Om Jai Hanumat veeraa Swaamee Jai Hanumat veeraa
Sankat mochan Swaamee tum ho randheeraa
Om Jai Hanumat veeraa...

Pavan-putra Anjanee-sut mahima ati bhaaree
Dukh daridrata mitao sankat sabhaaree
Om Jai Hanumat veeraa...

Baal samay mein tumne Ravi ko bhaksha liyo
Devan stuti keenheen tab hee chhoda diyo
Om Jai Hanumat veeraa...

Kapi Sugreev Ram sang maitree karavaaee
Abhimaanee Bali metyo kapeesahin gaddee dilavaaee
Om Jai Hanumat veeraa...

Jaari Lank Siya kee sudhi vaanar harshaaye
Kaaraj katthin sudhaarey Raghu man bhaaye
Om Jai Hanumat veeraa...

Shakti lagee Lakshman ke bhaaree soch bhayo
Laay sanjeevan bootee dukh sab door kiyo
Om Jai Hanumat veeraa...

Le paataal Ahiravan jabahi paithi gayo
Tahi maari prabhu laaye jai jaikaar bhayo
Om Jai Hanumat veeraa...

Ghaate Mehandipur mein shobhit darshan ati bhaaree
Mangal aur Shanishchara mela hai jaaree
Om Jai Hanumat veeraa...

Shree Balaji kee aarti jo koee nar gaavey
Kahata Indra harshit manvanchhit phal paavey
Om Jai Hanumat veeraa...

ॐ 卐 ॐ

23 Shree Salasar Balaji Aarti

Jayati Jai Jai Bajarang Bala, Kripa kar Salasar Vala
Jayati Jai Jai Bajarang Bala, Kripa kar Salasar Vala
Chait sudee poonam ko janmai, Anjanee pawan khushee man mein
Prakat bhaye sur vaanar tan mein, Vidit yash vikram tribhuvan mein
Doodh peevat stan maat ke, najar gaee nabha or
Tab jananee kee god se pahunche, Udayachal par bhor
Arun phal lakhee Ravi mukh dala
Kripa kar Salasar Vala...

Timir bhoomandal mein chhaee, chibuk par Indra bajra baaye,
Tabhee se Hanumat kahalaaye, dvaya Hanuman naam paaye
Us avasar mein ruk gayo, Pawan sarv unchas
Idhar ho gayo andhakaar, Ut rukyo vishwa ko shvaas
Bhaye brahmaadik behaalaa
Kripa kar Salasar Vala...

Dev sab aaye tumhare aage, sakal mil vinay karan laage
Pawan koo bhee laaye sangey, krodh sab Pawan tanaa bhaagey
Sabhee devata var diyo, araj karee kar jod
Sunake sabakee araj garaj, lakhi diya Ravi ko chhod
Ho gayaa jag mein ujiyaalaa,
Kripa kar Salasar Vala...

Rahe Sugreev paas jaaee, aa gaye van mein Raghuraee
Hari Ravan Sita Maaee, vikal phirte donon bhai
Vipra roop dhari Ram ko, kaha aap sab haal
Kapi pati se karavaee mitrata, maar diya kapi baal
Dukh Sugreev tan taal
Kripa kar Salasar Vala...

जय श्री राम

Aagya le Raghupati kee dhaayaa, Lanka mein shindhu laangh aayaa
Haal Seeta kaa lakh payaa, Mudrika de vanphal khaayaa
Van vidhvans dashakandh sut, vadh kar Lank jalaaya
Choodamani sandesh Siya kaa, diya Ram ko aaya
Huye khush tribhuvan boopaalaa
Kripa kar Salasar Vala...

Jodee kapi dal Raghuwar chaalaa, katak hit Sindhu baandha daalaa
Yuddha racha deenhaa vikaraalaa, Kiyo rakshaskul paimaalaa
Lakshman ko shakti lagee, layau giree utthaaya
Dee Sanjeevan Lakhan jiyaye, Raghuwar harsh savaaya
Garab sab Ravan ka gaalaa
Kripa kar Salasar Vala...

Rachee Ahiravan ne maya, sovate Ram Lakhan laayaa
Bane vahaan devee kee kayaa, karne ko apnaa chit chayaa
Ahiravan Ravan hatyau, pher haath ko haath
Mantr Vibheeshan paayaa aap ko, ho gayo Lanka nath
Khul gayaa karma kaa taalaa
Kripa kar Salasar Vala...

Ayodhya Ram Rajya keena, aapko daas banaa leenaa
Atul bal ghrat sindoor deenaa, lasat tan roop rang bheenaa
Chiranjeev prabhu ne kiyo, jag mein diyo pujaaya
Jo koee nishchaya kar ke dhyaavai, taakee karoo sahaaya
Kashta sab bhaktan kaa taalaa
Kripa kar Salasar Vala...

Bhaktajan charan kamal seve, jaat aata Salasar devey
Dhvajaa nariyal bhoga devey, manorath siddhi kar levey
Karaj saaro bhakta ke, sadaa karo kalyaan
Vipra nivasee Lakshmangarh ke, Baalkrishna dhar dhyan
Naam kee japc sadaa maalaa
Kripaa kar Saalaasara Vala...

ॐ 卐 ॐ

24 Shree Vishwakarma Aarti

Om Jai Shree Vishwakarma, Prabhu Jai Shree Vishwakarma
Sakal srishti ke karta rakshak stuti dharma
Om Jai Shree Vishwakarma, Prabhu Jai Shree Vishwakarma

Aadi srishti mein vidhi ko, Shruti upadesh diyaa
Jeev maatra ka jag mein, gyaan vikas kiyaa
Om Jai Shree Vishwakarma, Prabhu Jai Shree Vishwakarma

Rishi Angira ne tap se, shanti naheen paaee
Dhyana kiya jab prabhu ka, sakal siddhi aaee
Om Jai Shree Vishwakarma, Prabhu Jai Shree Vishwakarma

Rog grast raja ne, jab aasharya leenaa
Sankat mochana bankar, door dukh keenaa
Om Jai Shree Vishwakarma, Prabhu Jai Shree Vishwakarma

Jab rathakaar dampattee, tumaharee ter karee
Sunkar deen praarthana, vipatti sagaree haree
Om Jai Shree Vishwakarma, Prabhu Jai Shree Vishwakarma

Ekanan chaturanan, Panchanan rajey
Tribhuj, chaturbhuj, dashabuj, sakal roop saajye
Om Jai Shree Vishwakarma, Prabhu Jai Shree Vishwakarma

Dhyaan dharey jab pad ka, sakal siddhi aavey
Man duvidha mit jave, aatal Shaanti paavey
Om Jai Shree Vishwakarma, Prabhu Jai Shree Vishwakarma

Shree Vishwakarma jee kee aarti, Jo koi nar gaavey
Kahat Gajanan Swaamee, sukh sampatti paavey
Om Jai Shree Vishwakarma, Prabhu Jai Shree Vishwakarma

ॐ 卐 ॐ

25 Sai Baba Aarti

Aarti Shree Sai guruvar kee, Paramanand sada survar kee
Jaakee kripa vipul sukhakaaree, dukh, shok, sankat, bhayahaaree

Shiradee mein avataar rachaayaa, chamatkaar se tatv dikhaayaa
Kitne bhakt charan par aaye, ve sukh shanti chirantan paaye

Bhaav dhare jo man mein jaisa, paavat anubhav vo hee vaisa
Guru kee udee lagaavey tan ko, samadhaan laabhat us man ko

Sai naam sada jo gaven, so phal jag mein shashvat paaven
Guruvasar kari pooja seva, us par kripaa karat Gurudeva

Ram, Krishan, Hanuman roop mein, de darshan jaanat jo man mein
Vividh dharm ke sevak aate, darshan kar ichchhit phal paate

Jai bolo Sai Baba kee, jai bolo vavadhoot guru kee
'Sai Daas' aarti ko gaavein, ghar mein basi sukha, mangal paaven

ॐ 卐 ॐ

26 Shree Jag Janani Durga Mata Aarti

Jag Janani Jai Jai Maa, Jag Janani Jai Jai
Bhaya harinee, bhav tarinee , Bhav Bhamini Jai Jai

Jag Janani Jai Jai Maa, Jag Janani Jai Jai
Bhaya harinee, bhav tarinee , Bhav Bhamini Jai Jai

Too hee sat-chit-sukhamay shuddh brahmroopa
Satya sanatan sundar par-shiv sur-bhoopa
Jag Janani Jai Jai...

Aadi anadi anaamay avichal avinaashee
Amal anant agochar aj aanandraashee
Jag Janani Jai Jai...

Avikaaree, aghahaaree, akal kalaadhaaree
Karta vidhi, bharta hari, har sanharkaaree
Jag Janani Jai Jai...

Too vidhi-vadhoo, Rama, too Uma, Mahamaya
Mool prakriti, vidhya too, too jananee jaayaa
Jag Janani Jai Jai...

Ram, Krishna too, Sita, Brijranee Radha
Too vaanchhakalpadrum haarini sab baadhaa
Jag Janani Jai Jai...

Dash vidyaa, Nav Durga nana shastrakaraa
Ashtamatrika, yogini, nav-nav-roop dharaa
Jag Janani Jai Jai...

Too paradhaam nivaasini, Mahavilaasini too
Too hee Shamashaanavihaarini, Taandavalaasini too
Jag Janani Jai Jai...

Sur-muni-mohini saumya too shobhadhara
Vivasan vikat-saroopa, pralayamayee dhara
Jag Janani Jai Jai...

Too hee sneha-sudhamayi, too ati garalmanaa
Ratnvibhooshit too hee, too hee asthi-tanaa
Jag Janani Jai Jai...

Mooladharaanivasini, iha-par-siddhiprade
Kalateetaa Kali, Kamla too var de
Jag Janani Jai Jai...

Shakti shaktidhar too hee nitya abhedmayee
Bhedpradrashini Vaanee Vimale! Vedtrayee
Jag jananee Jai Jai...

Ham ati deen dukhee Maa! Vipat-jaal gherey
Hain kapoot ati kaptee, par baalak terey
Jag Jananee Jai Jai...

Nij svabhavavash janani! dayadrishti keejai
Karuna kar karunamayi! charan-sharan deejay
Jag Janani Jai Jai...

ॐ 卐 ॐ

27 Shree Mansa Devi Aarti

Om Jai Mansa Mata, Maiyya Jai Mansa Mata
Jo nar tumko dhyaata, manvaanchhit phal paataa
Om Jai Mansa Mata...

Jartkaaru muni patnee, tum Vasuki bhagini,
Maiyya tum Vasuki bhagini
Kashyap kee tum kanya, Aastik kee mata,
Maiyya aastik kee mata
Om Jai Mansa Mata...

Garv Dhanvantari naashinee, Hans vahinee devi,
Maiyya Hansinee devi
Sur-nar-muni-gan dhyaavat, sevat nar naaree
Om Jai Mansa Mata...

Parvat vaasinee sankat naashinee, Akshay dhandatree,
Maiyya akshay dhandatree
Putra pautraadi pradayinee, manvanchhit phal daatree
Om Jai Mansa Mata...

Mansa jee kee aarti, jo koi nar gaataa
Maiyya jo koi nar gaataa
Kahat Shivanand swaamee, sukh sampatti paataa
Om Jai Mansa Mata...

ॐ 卐 ॐ

28 Brihaspatiwar Aarti

Om Jai Brihaspati Deva, Om Jai Brihaspati Deva
Chhina-chhina bhoga lagaun, kadali phal meva
Om Jai Brihaspati Deva...

Tum pooran paramatma, tum antaryaamee
Jagatapita Jagadishvar, tum sabke swaamee
Om Jai Brihaspati Deva...

Charanamrita nij nirmal, sab patak hartaa
Sakal manorath daayak, kripaa karo bhartaa
Om Jai Brihaspati Deva...

Tan, man, dhan, arpan kar, jo jan sharan pade
Prabhu prakat tab hokar, aakar dwaar khade
Om Jai Brihaspati Deva...

Deendayal dayanidhi, bhaktan hitkaree
Paap dosha sab harta, bhava bandhan haaree
Om Jai Brihaspati Deva...

Sakal manorath daayak, sab sanshaya taaro
Vishaya vikaar mitaao, santan sukhakaaree
Om Jai Brihaspati Deva...

Jo koi aarti teree, prem sahit gaavey
Jeshtananda bandso, so nishchay paavey
Om Jai Brihaspati Deva...

ॐ 卐 ॐ

29 Shree Sheetla Mata Aarti

Om Jai Sheetla Mata, Maiyya Jai Sheetla Mata
Aadi jyoti maharanee sab phal kee daataa
Om Jai Sheetla Mata...

Ratan sinhasan shobhit shwet chhatra bhaataa
Riddhi-Siddhi chanvar dolaavein jagmag chhavi chhaataa
Om Jai Sheetla Mata...

Vishnu sevat thaadhe sevein Shiv dhaataa
Ved Puran varnat paar naheen paataa
Om Jai Sheetla mata...

Indra mridang bajaavat Chandra veena haathaa
Sooraj taal bajaavai Narad Muni gaataa
Om Jai Sheetla Mata...

Ghantaa shankh shahanaaee baajai man bhaataa
Karai bhakt jan aartee lakhi lakhi harshaataa
Om Jai Sheetla Mata...

Brahm roopa vardaanee tuhee teen kaal gyaataa
Bhaktan ko sukh detee maatu pita bhraataa
Om Jai Sheetla Mata...

Jo jan dhyaan lagaave prem shakti paataa
Sakal manorath paavey bhavanidhi tar jaataa
Om Jai Sheetla Mata...

Rogon se jo peedit koee sharan teree aataa
Kodhee paavey nirmal kaayaa andh netra paataa
Om Jai Sheetla Mata...

Baanjha putra ko paavey daaridra kat jaataa
Taako bhajai jo naaheen sir dhuni pachhataataa
Om Jai Sheetla Mata...

Sheetal karate jan kee too hee hai jag traataa
Utpatti bala binaashan too sab kee Mata
Om Jai Sheetla Mata...

Daas Narayan kar joree Mata
Bhakti aapnee deejai aur na kuchha Mata
Om Jai Sheetla Mata...

ॐ 卐 ॐ

30 Shree Vaishno Devi Aarti

Om Jai Vaishnavee Mata, Maiyya Jai Vaishnavee Mata
Hath jod terey aagey, Aarti main gaataa
Sheesh pe chhatra viraajey, mooratiyaa pyaaree
Ganga bahatee charanan, jyoti jagey nyaaree
Brahma Ved padhey nit dvaarey, Shankar dhyaana dharey
Sevak chanvar dulaavat, Narad nritya karey
Sundar gupha tumhaaree, man ko ati bhaavey
Baar-baar dekhan ko, ai maa man chaavey
Bhavan pe jhandey jhoolein, ghanta dhvani baajey
Oonchaa parvat teraa, Mata priya laagey
Paan supaaree dhvaja naariyal, Bheint pushp mevaa
Daas khade charnon mein, darshana do devaa
Jo jan nishchaya karke, dwaar terey aavey
Uskee ichchha pooran, Mata ho jaavey
Itanee stuti nish-din, jo nar bhee gaavey
Kahate Sevaka Dhyanoo, sukh sampatti pavey
Om Jai Vaishnavee Mata, Maiyya Jai Vaishnavee Mata

ॐ 卐 ॐ

31 Shree Annapurna Mata Aarti

Barambaar pranaam, Maiyya barambaar pranaam
Jo naheen dhyaavey tumhein Ambike, kahaan use vishraam
Annapurna Devi naam tihaarey, lete hot sab kaam
Pralay yugantar aur janmantar, kaalaantar tak naam
Sur suron kee rachana kartee, kahaan Krishna kahaan Ram
Choomahi charan chatur chaturaanan,
Chaaroo chakradhar shyam
Chandra chood chandraanan chaakar, shobha lakahi lalaam
Devi dev dayaneeya dasha mein, dayaa dayaa tav naam
Traahi-traahi sharnaagat vatsal, sharan roop tav dhaam
Shreem, heem, shraddha, shreem aim vidya,
Shreem kleem kamal kaam
Kaantibhrantimyee kaanti Shaantimyee Var detu nishkaam

ॐ 卐 ॐ

ॐ